AF277727

Ich sehe die Rutsche **rechts** von mir.

Frau Funke

1 Was sieht Frau Funke links (**l**), was sieht Frau Funke rechts (**r**)? Kreise ein.

l (r)   l r   l r   l r

2

l r   l r   l r   l r

3

l r   l r   l r   l r

› **1–3** Das Bild aus der Perspektive von Frau Funke beschreiben. Einkreisen, ob das Element aus ihrer Sicht links oder rechts zu sehen ist.

Ich sehe die Rutsche links von mir.

Herr Abel

1 Was sieht Herr Abel links (l), was sieht Herr Abel rechts (r)? Kreise ein.

l r   l r   l r   l r

2

l r   l r   l r   l r

3

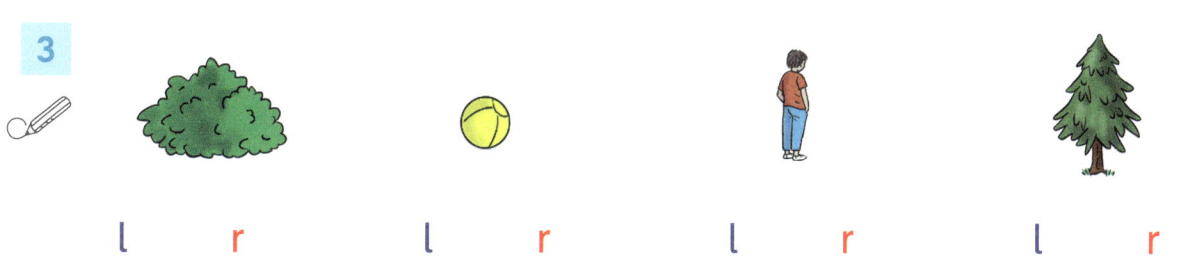

l r   l r   l r   l r

› **1–3** Das Bild aus der Perspektive von Herrn Abel beschreiben. Einkreisen, ob das Element aus seiner Sicht links oder rechts zu sehen ist.
› **1–2** Mit den Ergebnissen von Seite 2 vergleichen. Warum sieht Herr Abel alles anders als Frau Funke? Klären, dass die Perspektive entscheidet.

3

1 Zahline und Zahlix schauen von verschiedenen Seiten:

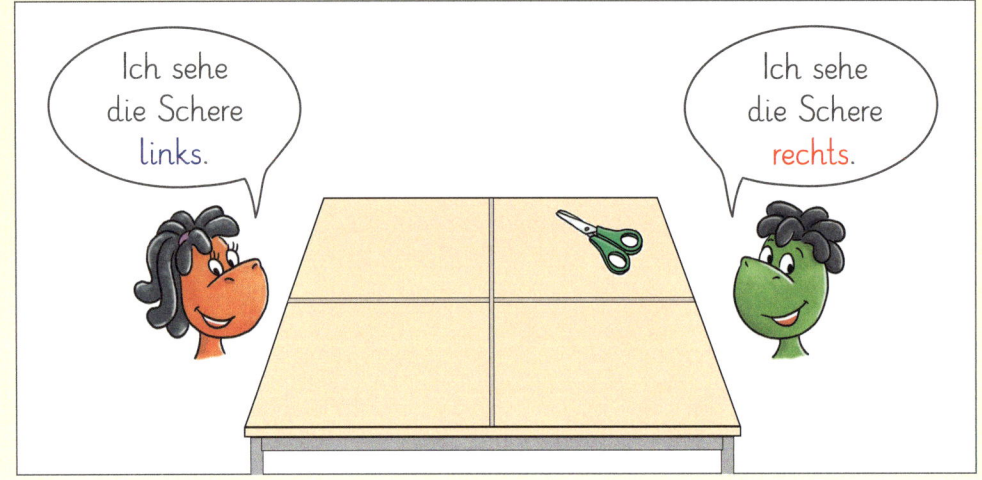

Ich sehe die Schere links.

Ich sehe die Schere rechts.

2 Was sieht Lena rechts? Was sieht Lena links? Verbinde.

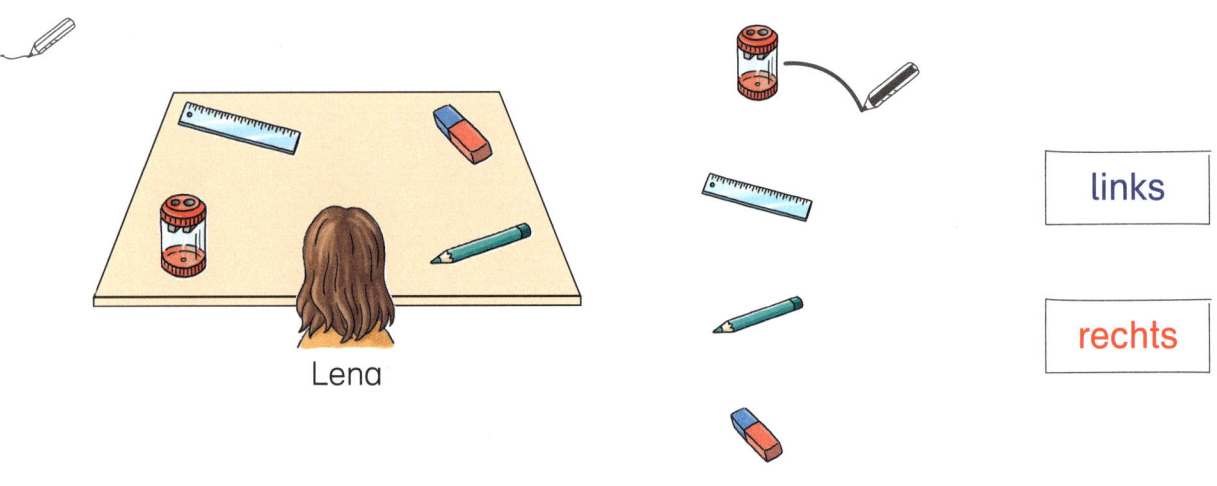

Lena

links

rechts

3 Was sieht Ahmed rechts? Was sieht Ahmed links? Verbinde.

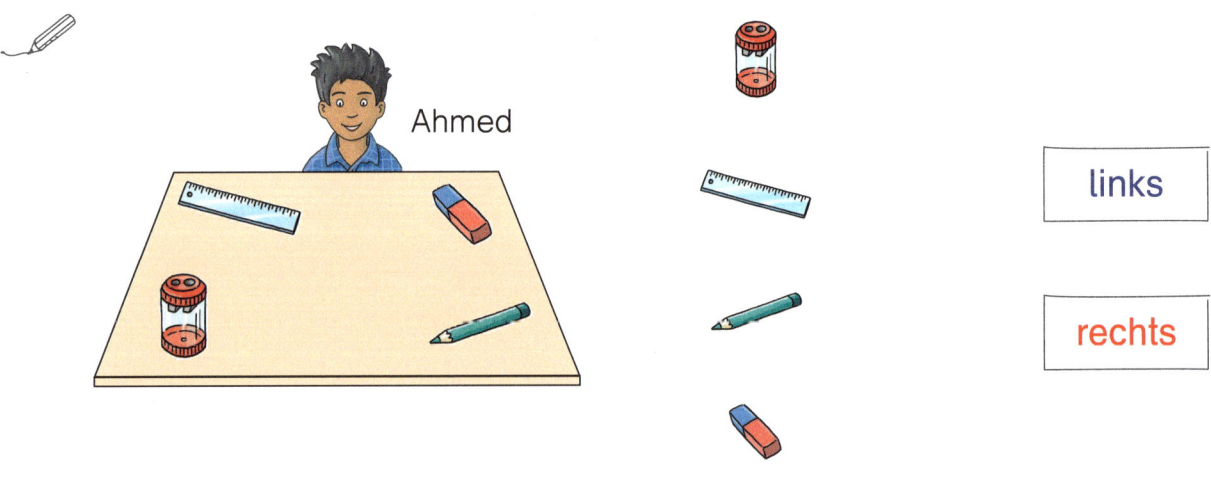

Ahmed

links

rechts

› **1** Situation mit zwei Kindern nachspielen. Jeweils beschreiben lassen, ob sie den Gegenstand rechts oder links sehen.
› **2–3** Tisch aus der Perspektive von Lena bzw. Ahmed beschreiben. Verbinden, ob sie den jeweiligen Gegenstand links oder rechts sehen.

1 Was sieht Luis rechts? Was sieht Luis links? Verbinde.

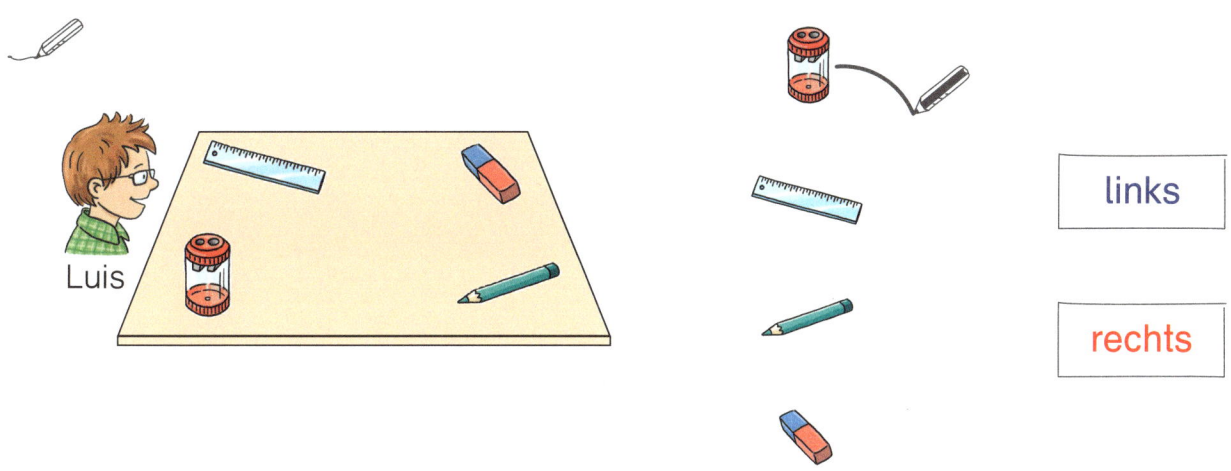

links

rechts

2 Was sieht Alina rechts? Was sieht Alina links? Verbinde.

links

rechts

3 Was sehen die Kinder rechts? Verbinde in rot.
Was sehen die Kinder links? Verbinde in lila.

> 1–2 Tisch aus der Perspektive von Luis bzw. Alina beschreiben. Verbinden, ob sie den jeweiligen Gegenstand links oder rechts sehen.
> 3 Tisch aus der Perspektive von Lara bzw. Mattis beschreiben, farbig verbinden und vergleichen, welche Gegenstände sie links oder rechts sehen.

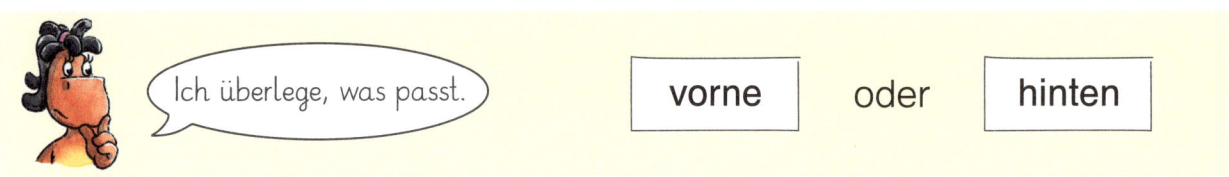

Ich überlege, was passt.

| vorne | oder | hinten |

1 Was sieht Arno vorne? Was sieht Arno hinten? Verbinde.

Arno

| vorne |

| hinten |

2 Was sieht Julia vorne? Was sieht Julia hinten? Verbinde.

Julia

| vorne |

| hinten |

3 Was sehen die Kinder vorne? Verbinde in blau.
Was sehen die Kinder hinten? Verbinde in grün.

Leonie

Jonas

› **1–2** Tisch aus der Perspektive von Arno bzw. Julia beschreiben. Verbinden, ob sie den jeweiligen Gegenstand vorne oder hinten sehen.
› **3** Tisch aus der Perspektive von Leonie bzw. Jonas beschreiben, farbig verbinden und vergleichen, welche Gegenstände sie vorne oder hinten sehen.

Ich überlege, wo die Kinder die Gegenstände sehen.

| hinten links | hinten rechts |
| vorne links | vorne rechts |

1 Wo sieht Leon die Gegenstände? Verbinde.

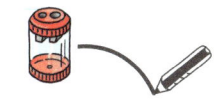

| vorne links |
| vorne rechts |

| hinten links |
| hinten rechts |

Leon

2 Wo sieht Marek die Gegenstände? Verbinde.

Marek

| vorne links |
| vorne rechts |

| hinten links |
| hinten rechts |

3 Wo sieht Elisa die Gegenstände? Verbinde.

Elisa

| vorne links |
| vorne rechts |

| hinten links |
| hinten rechts |

› 1–3 Tische aus der jeweiligen Perspektive beschreiben. Verbinden, wo die Kinder den jeweiligen Gegenstand sehen. Ggf. die Tische auch aus anderen Perspektiven beschreiben lassen und die Position der Gegenstände benennen.

7

groβes Quadrat

mittleres Quadrat

kleines Quadrat

groβes Dreieck

mittleres Dreieck

kleines Dreieck

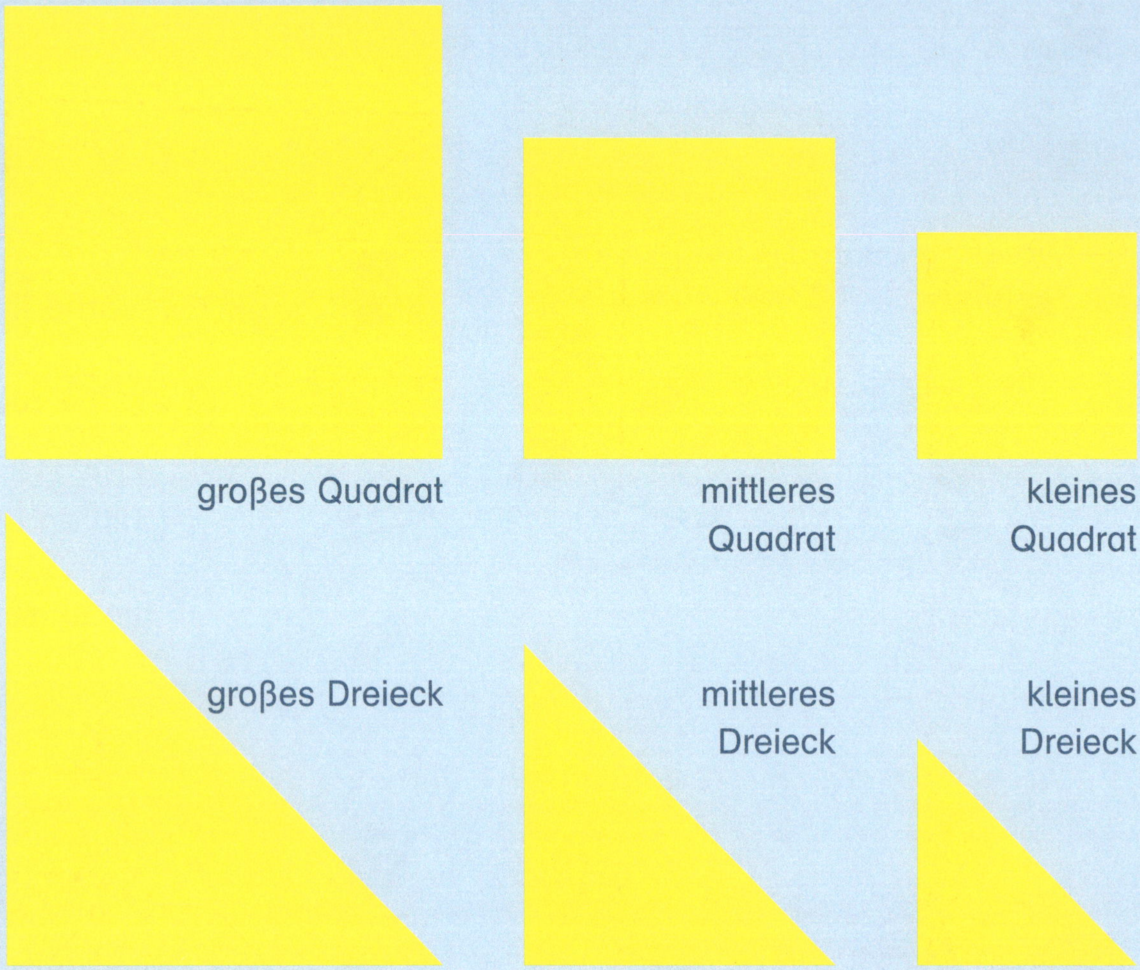

1 Lege die Dreiecke mit den Formenplättchen aus.

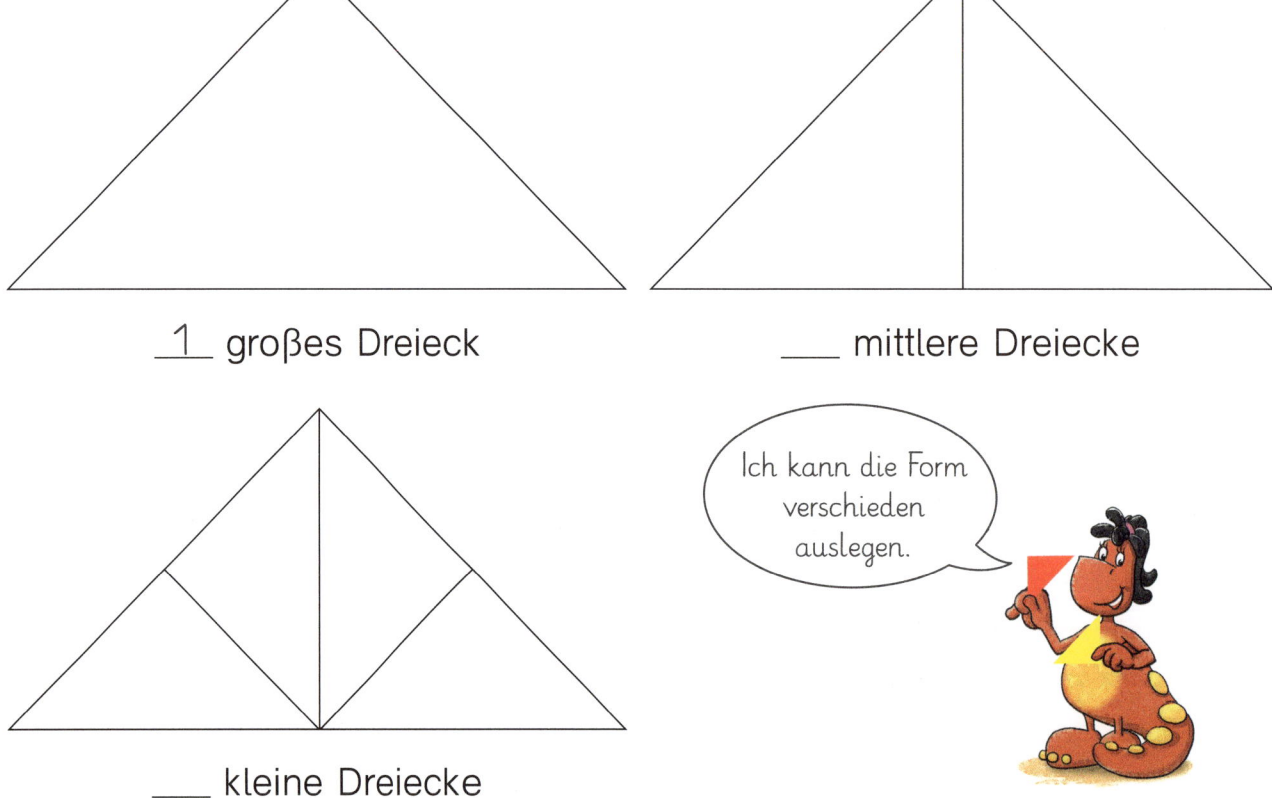

_1_ groβes Dreieck

___ mittlere Dreiecke

___ kleine Dreiecke

Ich kann die Form verschieden auslegen.

› **Zum Kennenlernen:** Geometrische Formen sortieren, nebeneinaderlegen, beschreiben.
› **1** Das groβe Dreieck auf verschiedene Arten auslegen. Ggf. weitere Lösungen finden lassen.

1 Lege mit Formenplättchen aus. Wie viele brauchst du?

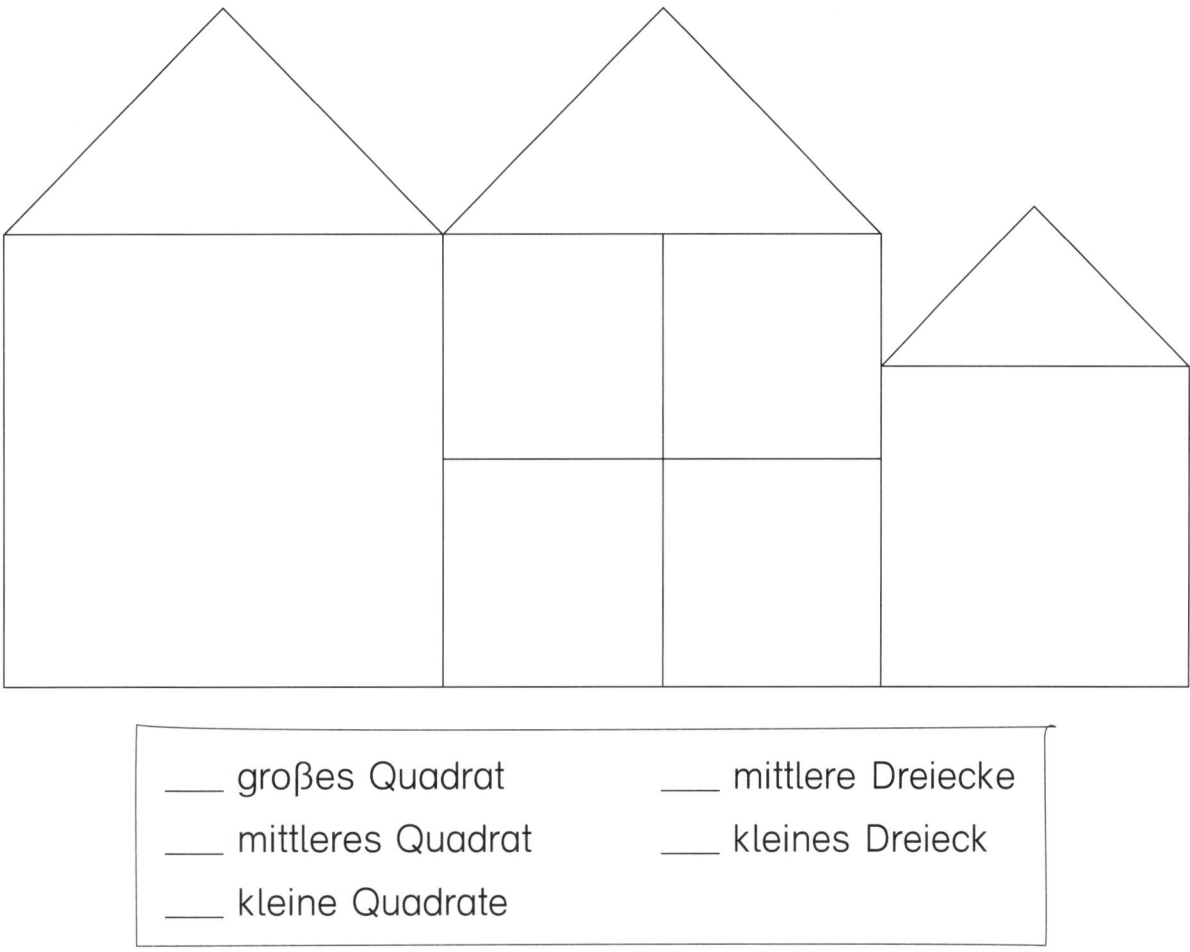

___ großes Quadrat   ___ mittlere Dreiecke

___ mittleres Quadrat   ___ kleines Dreieck

___ kleine Quadrate

2 Lege die Quadrate unterschiedlich mit Formenplättchen aus.
Wie viele brauchst du?

_1_ großes Dreieck   ___ kleine Quadrate

___ kleine Dreiecke   ___ kleine Dreiecke

› **1** Auslegen und zählen, welche Form wie häufig vorkommt. Anzahl notieren.
› **2** Das große Quadrat auf verschiedene Arten auslegen. Ggf. eigene Lösungen finden lassen und Anzahlen dazu ins Heft notieren.

1

Das ist
eine **Startfigur**.

Beim Spiegeln entsteht eine **Zielfigur**.
Es gibt verschiedene Zielfiguren.

2 Lege zuerst
die **Startfigur**.

Stelle den Spiegel so auf,
dass du die **Zielfiguren** sehen kannst.

a)

b)

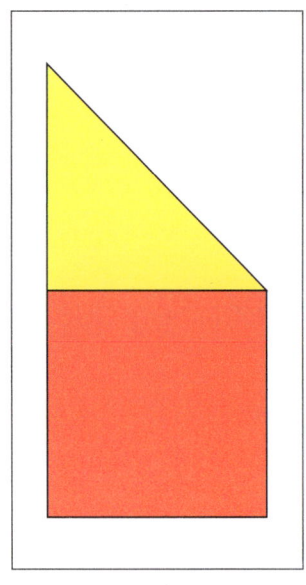

Startfigur

c)

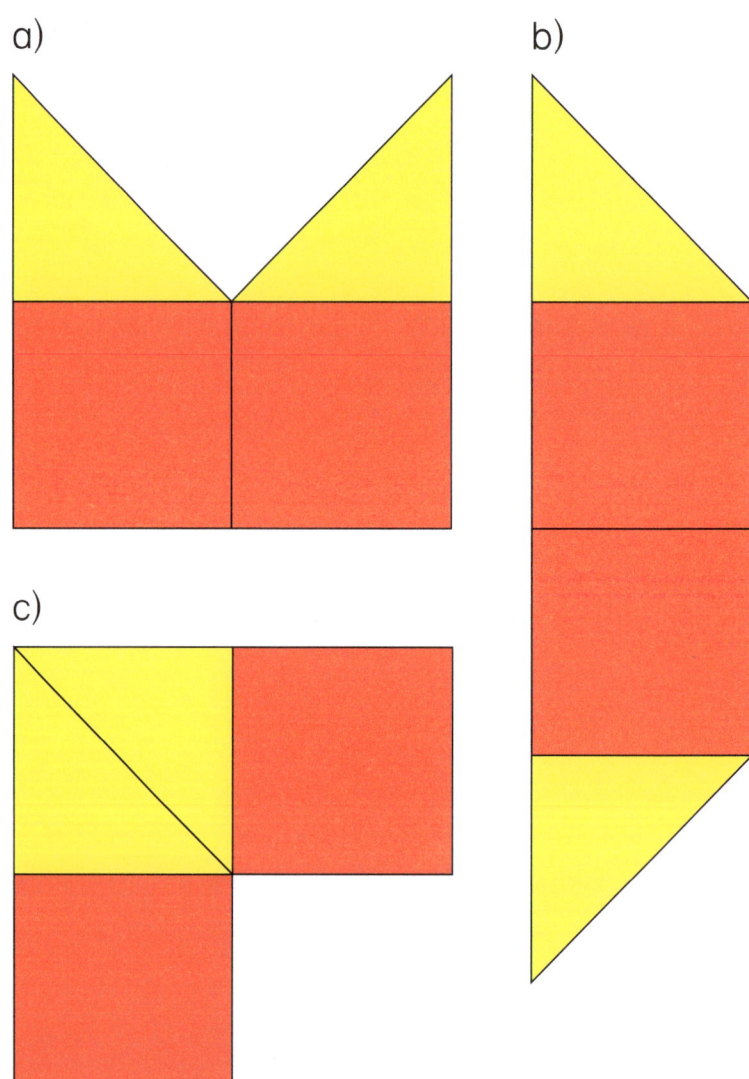

› **2** Begriffe Start- und Zielfigur klären. Die Startfigur legen und den Spiegel unterschiedlich anstellen. Wie entsteht die Zielfigur?
Je nach Vorwissen der Kinder kann im Bild eingezeichnet werden, wo der Spiegel aufgestellt wurde (Spiegelachse).

1 Lege und spiegele die neue **Startfigur**.
Sind die Figuren **Zielfiguren**? Kreuze an.

Startfigur

a)
◯ ja ◯ nein

b)
◯ ja ◯ nein

c)
◯ ja ◯ nein

d)
◯ ja ◯ nein

e)
◯ ja ◯ nein

2 Lege und spiegele die neue **Startfigur**.
Sind die Figuren **Zielfiguren**? Kreuze an.

Startfigur

a)
◯ ja ◯ nein

b)
◯ ja ◯ nein

c)
◯ ja ◯ nein

d)
◯ ja ◯ nein

e)
◯ ja ◯ nein

› **1–2** Die Startfigur legen und den Spiegel unterschiedlich anstellen. Welche Zielfiguren sind möglich?
Bei Bedarf die Spiegelachse einzeichnen lassen.

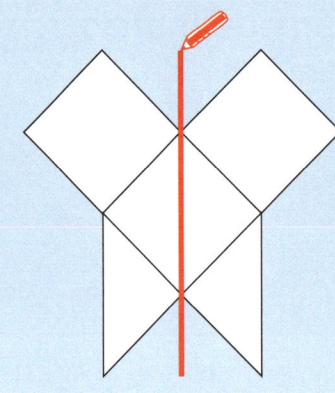

Diese Figur hat eine Spiegelachse.

Die Figur ist achsensymmetrisch.

1 Diese Figuren sind achsensymmetrisch.
Zeichne die Spiegelachse ein. Prüfe mit dem Spiegel.

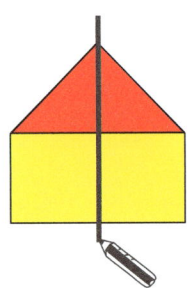

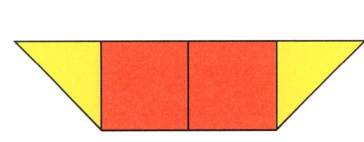

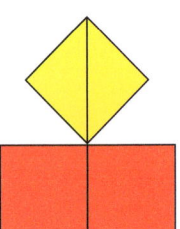

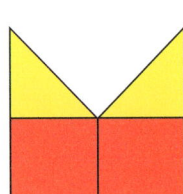

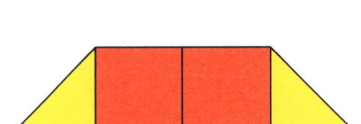

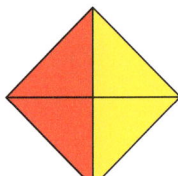

2 Diese Bilder sind achsensymmetrisch.
Zeichne die Spiegelachse ein. Prüfe mit dem Spiegel.

› **1–2** Erst überlegen, wo die Spiegelachse ist, dann mit dem Spiegel überprüfen.
› Eigene Beispiele für Bilder mit einer Spiegelachse finden.

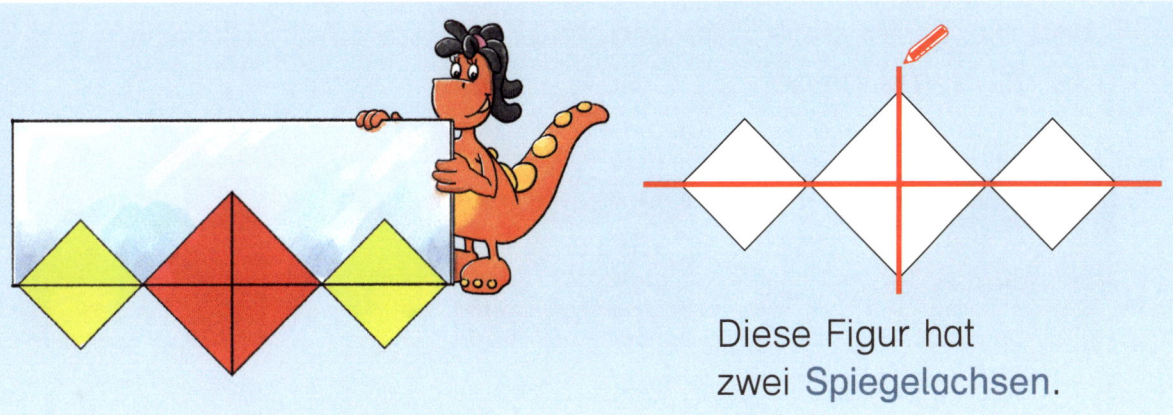

Diese Figur hat
zwei Spiegelachsen.

1 Diese Figuren haben **zwei** Spiegelachsen.
Zeichne die Spiegelachsen ein. Prüfe mit dem Spiegel.

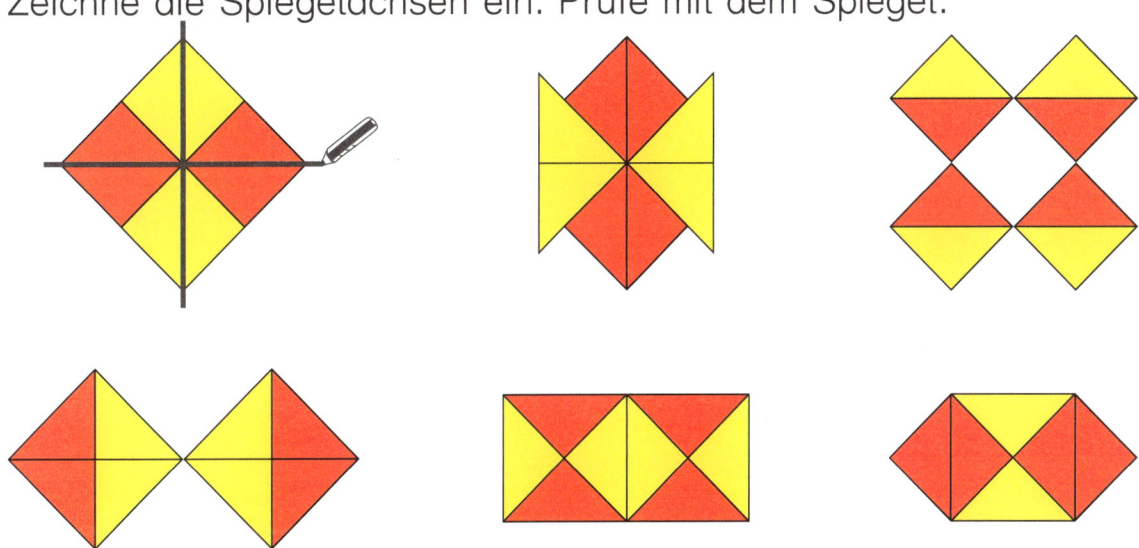

2 Diese Bilder haben **zwei** Spiegelachsen.
Zeichne die Spiegelachsen ein. Prüfe mit dem Spiegel.

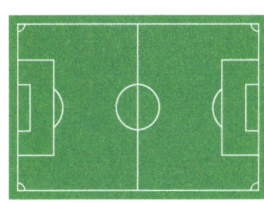

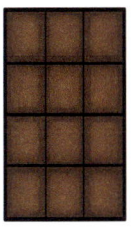

› **1–2** Erst überlegen, wo die zwei Spiegelachsen sind, dann mit dem Spiegel überprüfen.
› Eigene Beispiele für Bilder mit zwei Spiegelachsen finden.

1 Haben die Bilder eine Spiegelachse? Kreuze an.
Prüfe mit dem Spiegel.

○ ja ○ nein   ○ ja ○ nein   ○ ja ○ nein

2

○ ja ○ nein   ○ ja ○ nein   ○ ja ○ nein

3

A   K   L

○ ja ○ nein   ○ ja ○ nein   ○ ja ○ nein

4

3   7   11

○ ja ○ nein   ○ ja ○ nein   ○ ja ○ nein

› **1–4** Entscheiden, ob die Bilder achsensymmetrisch sind oder nicht und mit dem Spiegel prüfen. Ggf. die Spiegelachse einzeichnen lassen.

1 Wie viele Spiegelachsen haben die Bilder? Kreuze an.
Prüfe mit dem Spiegel.

○ keine   ○ keine   ○ keine
○ eine   ○ eine   ○ eine
○ mehrere   ○ mehrere   ○ mehrere

2

○ keine   ○ keine   ○ keine
○ eine   ○ eine   ○ eine
○ mehrere   ○ mehrere   ○ mehrere

3

H   R   M

○ keine   ○ keine   ○ keine
○ eine   ○ eine   ○ eine
○ mehrere   ○ mehrere   ○ mehrere

› **1–3** Entscheiden, ob die Bilder keine, eine oder mehrere Spiegelachsen haben und mit dem Spiegel prüfen. Ggf. Spiegelachsen einzeichnen lassen.
› **3** Als Weiterführung selbst überlegen, welche Buchstaben keine, eine oder mehrere Spiegelachsen haben.

der **Kreis**	das **Dreieck**	das **Viereck**
	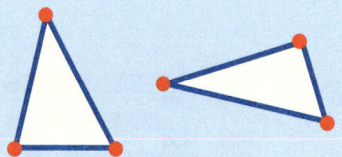	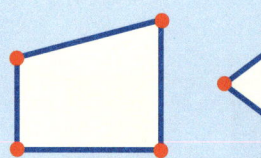
0 Ecken	3 Ecken	4 Ecken
	3 Seiten	4 Seiten

1 Zeichne ein: Ecken rot, Seiten blau.

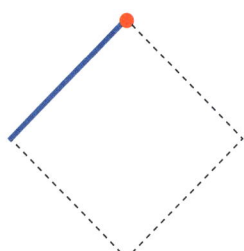   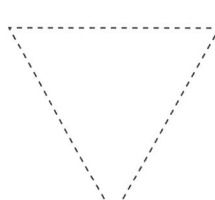   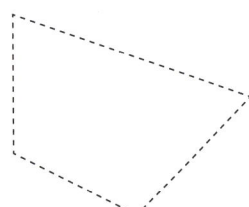

_____ Ecken   _____ Ecken   _____ Ecken

_____ Seiten   _____ Seiten   _____ Seiten

2 Male alle Kreise blau an.

     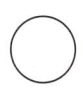 

3 Male alle Vierecke grün an.

   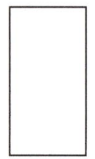 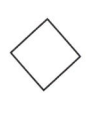 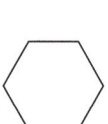  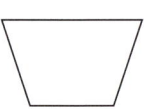

4 Male alle Dreiecke rot an.

 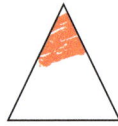 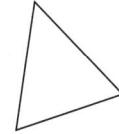 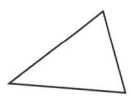 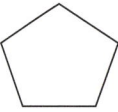 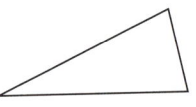  

› **1** Ecken mit einem roten Punkt markieren, dann die Seiten blau nachzeichnen.
› **2–4** Jeweils die angegebenen Formen anmalen. Ggf. besprechen, warum bestimmte Formen (nicht) dazu gehören.

1 Male die Figuren passend an:
Kreise blau, Dreiecke rot, Vierecke grün.

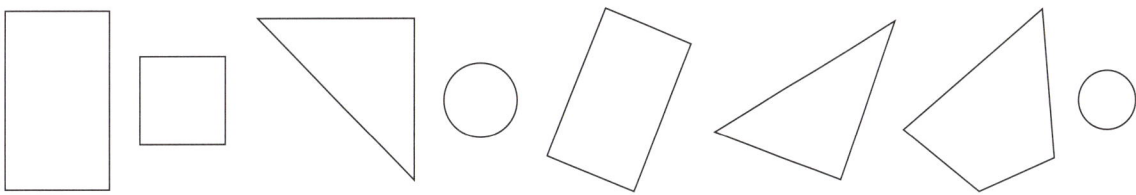

2 Male die Figuren passend an und zähle.

____	Kreise
____	Dreiecke
____	Vierecke

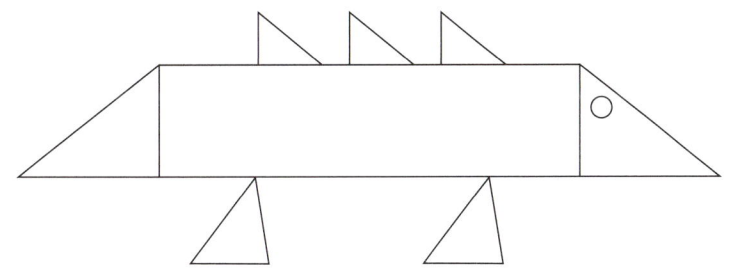

____	Kreis
____	Dreiecke
____	Viereck

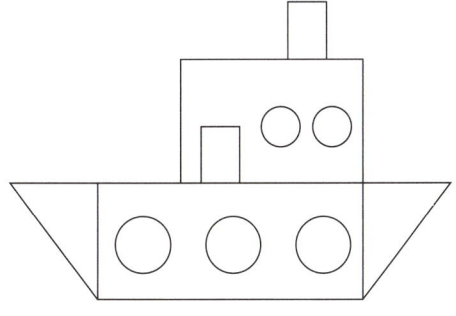

____	Kreise
____	Dreiecke
____	Vierecke

› **1** Formen in der passenden Farbe anmalen.
› **2** Formen in der passenden Farbe anmalen und zählen. Anzahl notieren.

17

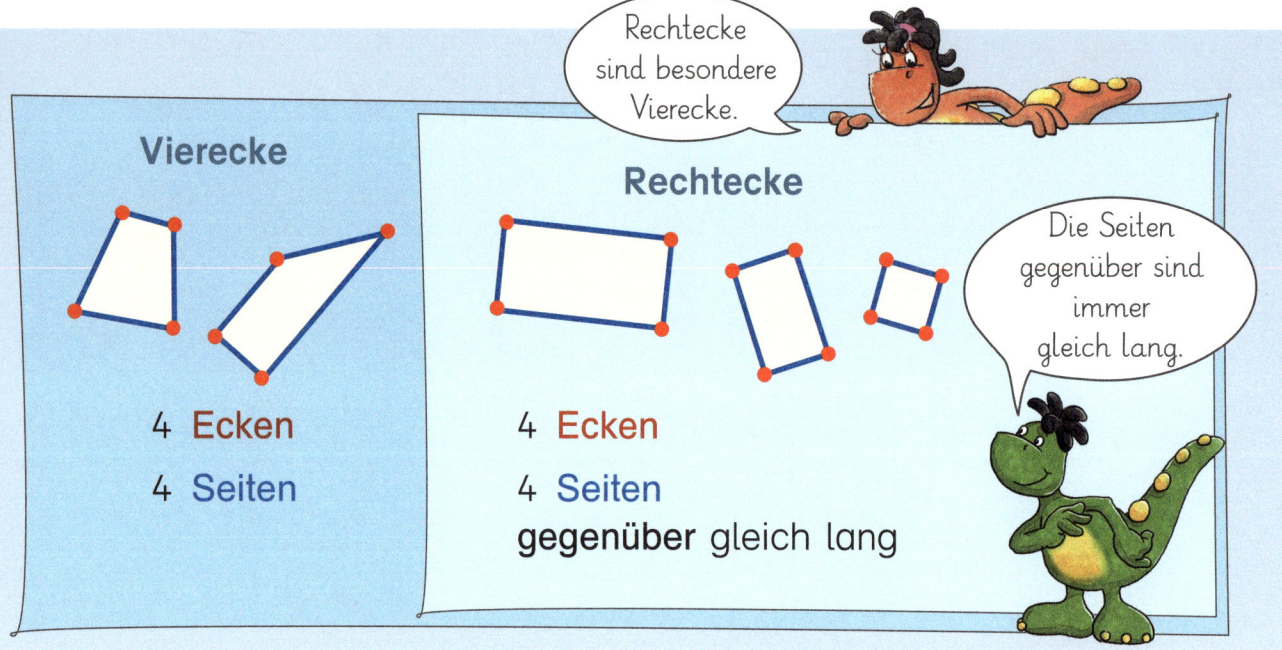

Rechtecke sind besondere Vierecke.

Die Seiten gegenüber sind immer gleich lang.

Vierecke

4 Ecken
4 Seiten

Rechtecke

4 Ecken
4 Seiten
gegenüber gleich lang

1 Male alle Vierecke an.

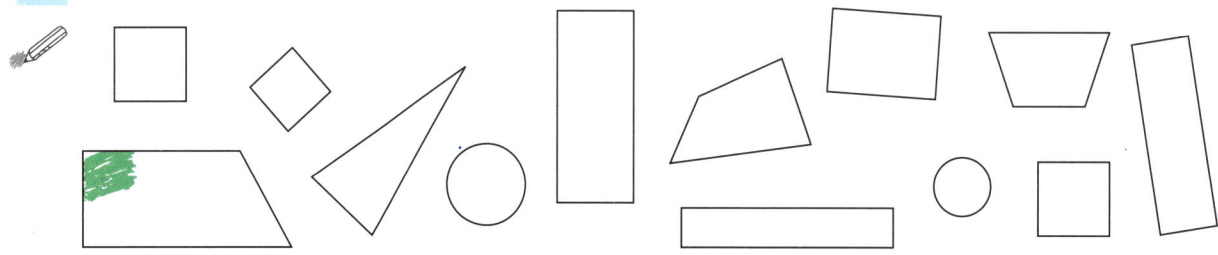

2 Male alle Rechtecke an.

3 Formen-Rätsel

Beschreibe die Form so genau wie möglich.

Kann das andere Kind sie erraten?

Wechselt euch ab.

Die Form hat 4 Ecken und 4 Seiten.

Seiten gegenüber sind gleich lang.

Es ist ein...

› **1–2** Abgrenzung der Begriffe „Viereck" und „Rechteck" verdeutlichen: Zunächst alle Vierecke (auch Rechtecke) identifizieren, dann nur Rechtecke.
› **3** Je nach Beschreibung können mehrere Formen richtig sein (z.B. Viereck, Rechteck). Ggf. das Kind auffordern, die Beschreibung zu konkretisieren.

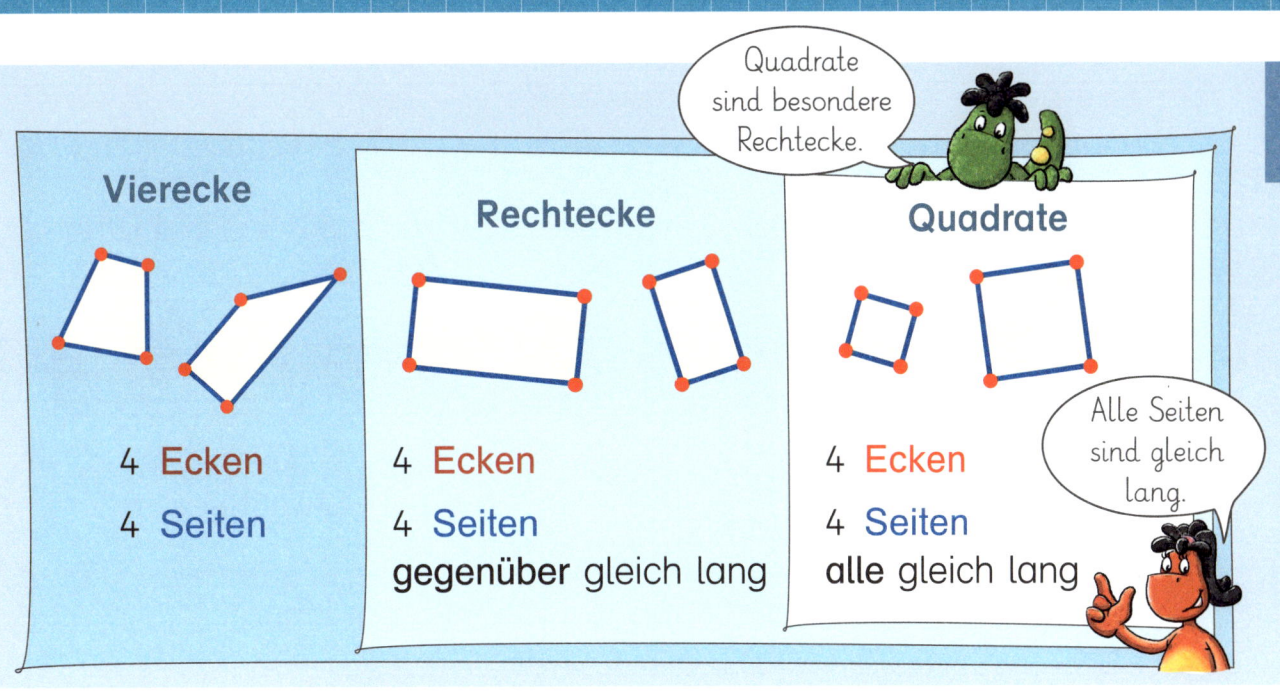

Quadrate sind besondere Rechtecke.

Vierecke

4 Ecken
4 Seiten

Rechtecke

4 Ecken
4 Seiten
gegenüber gleich lang

Quadrate

4 Ecken
4 Seiten
alle gleich lang

Alle Seiten sind gleich lang.

1 Male alle Quadrate an.

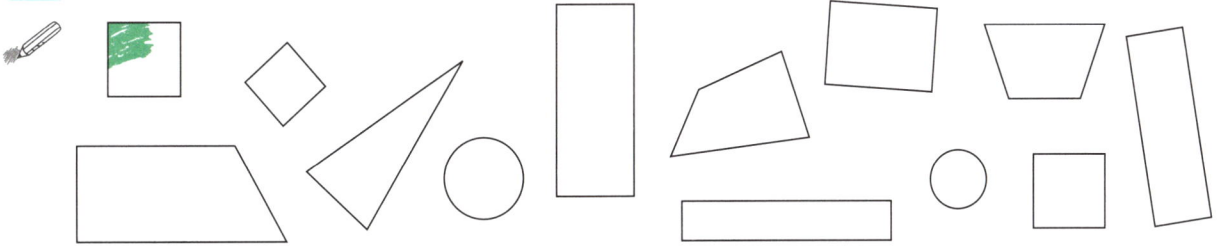

2 Welche Figuren passen nicht? Streiche sie durch.

Dreiecke

Rechtecke

Quadrate

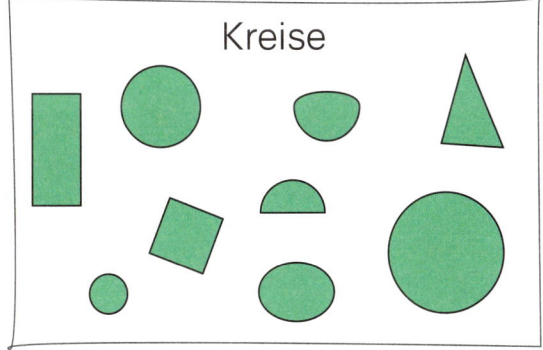

Kreise

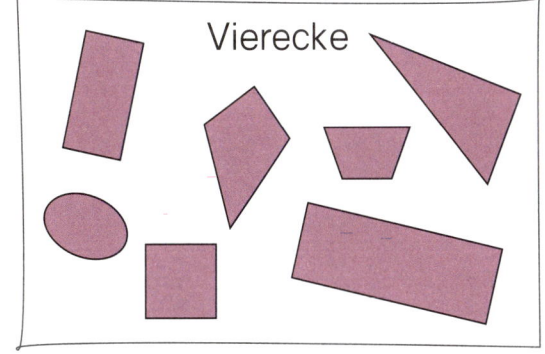

Vierecke

› 1 Alle Quadrate anmalen. Mit den Lösungsbildern von Seite 18 vergleichen und alle drei Begriffe in Beziehung setzen.
› 2 Unpassende Figuren durchstreichen und (wenn möglich) mit den richtigen Begriffen benennen lassen.

1

Erst die Eckpunkte, ...

... dann die Seiten
mit dem Lineal.

2 Zeichne Dreiecke. Verbinde die Punkte mit dem Lineal.

3 Zeichne Vierecke. Färbe alle Rechtecke gelb.

4 Zeichne Vierecke. Ergänze einen Punkt.

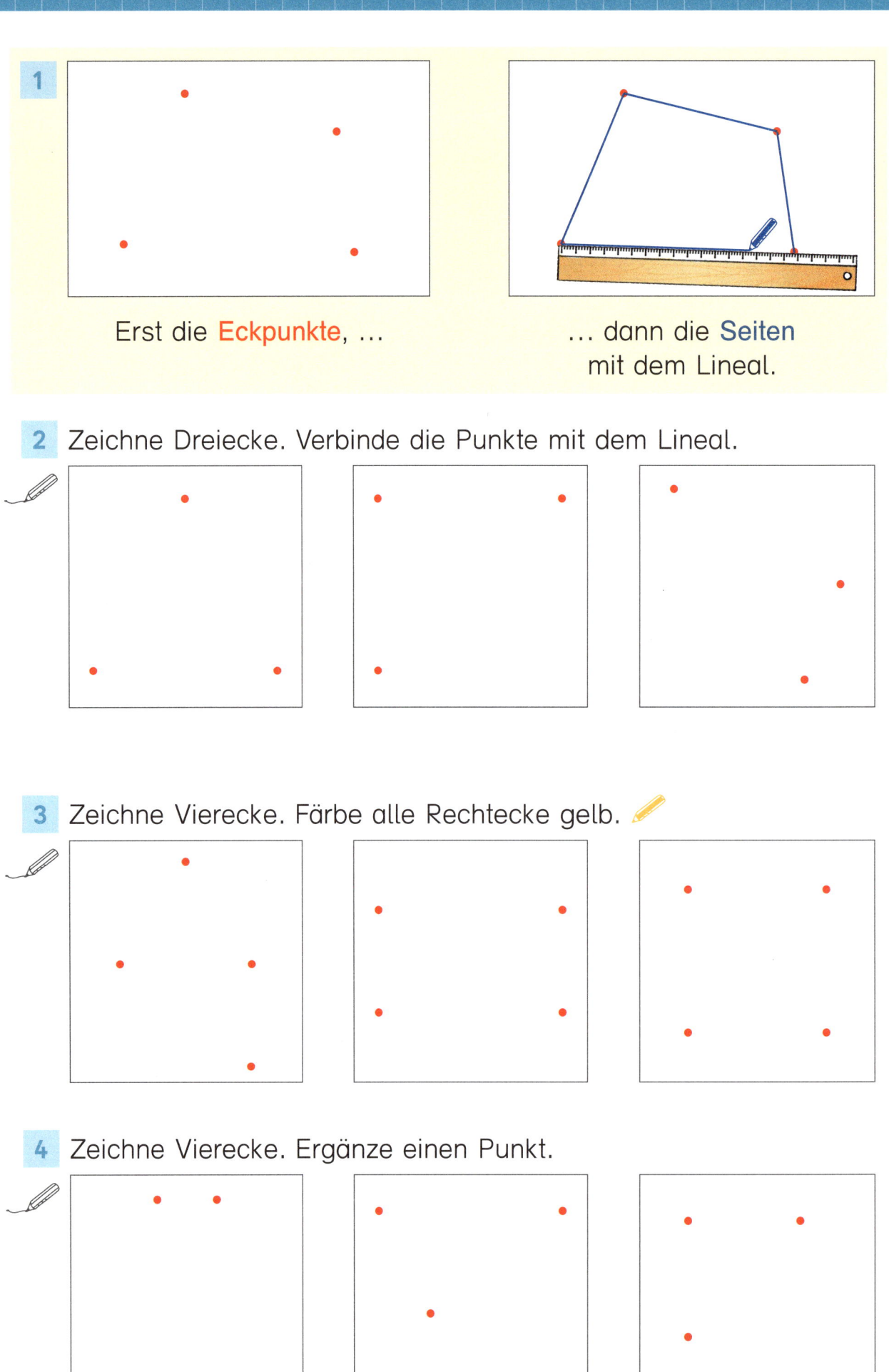

> **2–3** Die vorgegebenen Punkte zu Drei- bzw. Vierecken verbinden. Darauf achten, dass die Seiten mit dem Lineal gezeichnet werden.
> **4** Jeweils einen vierten Punkt ergänzen und zu einem Viereck verbinden. Es gibt keine Vorgabe für den zu ergänzenden Punkt.

1 Jetzt auf Kästchenpapier:

Erst die Eckpunkte, dann die Seiten.

Gleich lange Seiten, also gleich viele Kästchen.

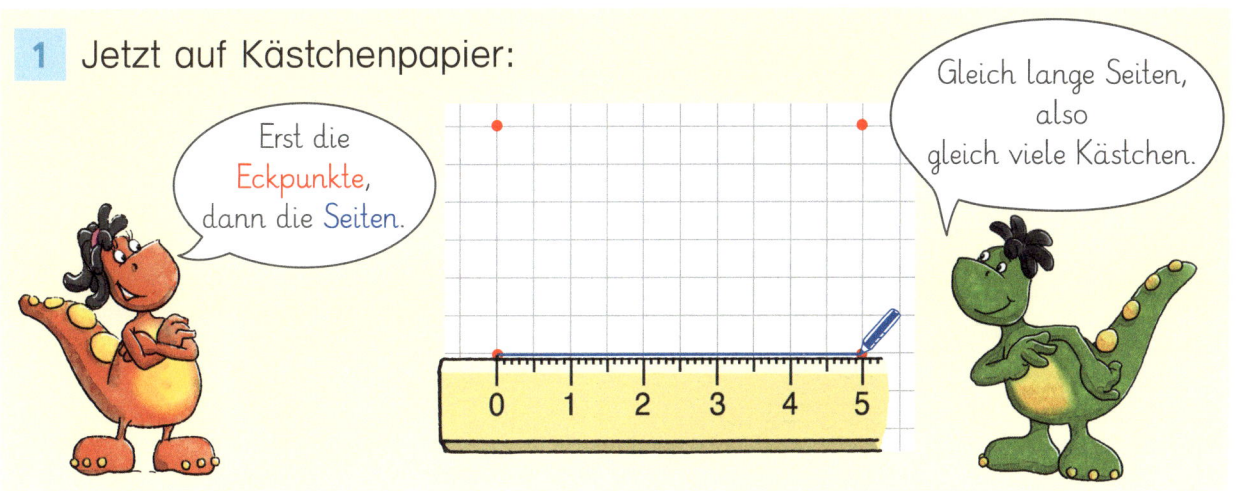

2 Verbinde die Punkte mit dem Lineal. Färbe Quadrate grün.

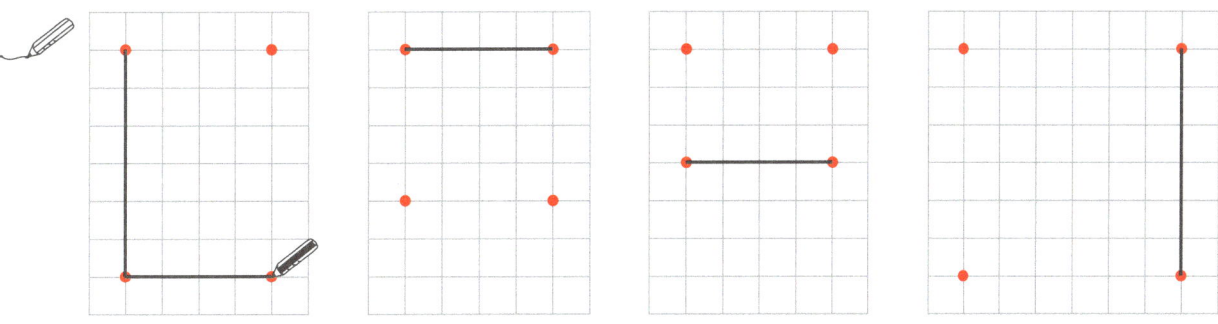

3 Alles Quadrate.
Ergänze fehlende Punkte. Zeichne dann die Seiten.

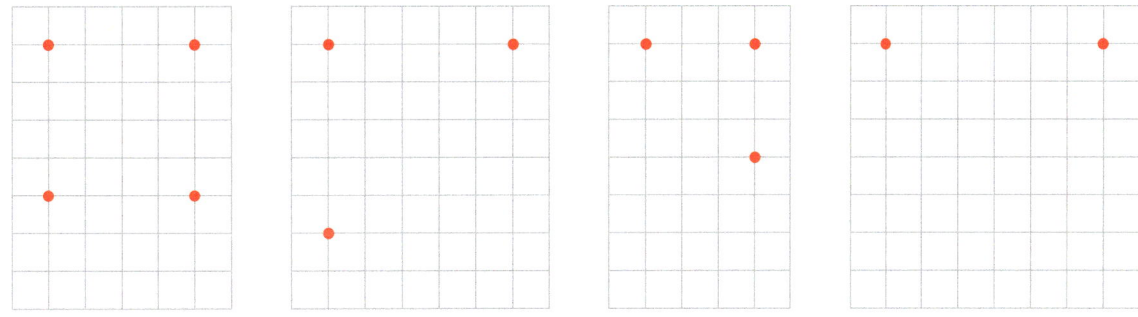

4 Zeichne: Erst die Punkte, dann die Seiten.

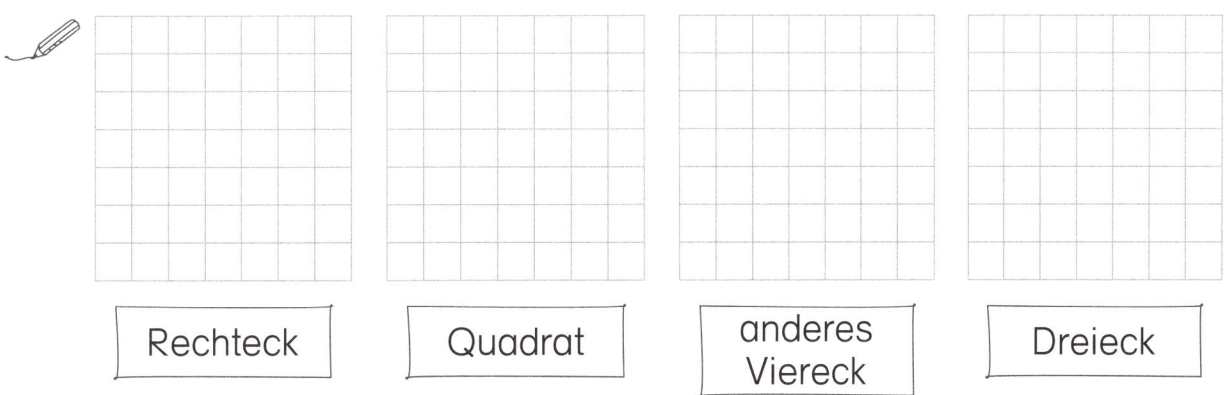

| Rechteck | Quadrat | anderes Viereck | Dreieck |

› **2** Die vorgegebenen Punkte zu Rechtecken verbinden. Quadrate erkennen und anmalen.
› **3** Fehlende Punkte so ergänzen, dass Quadrate entstehen. Um die richtige Position zu ermitteln, können die Kästchen gezählt werden.

21

1

Ich spanne ein Quadrat am Geobrett.

Ich zeichne passend auf dem Punktepapier.

2 Spanne die Figur nach. Zeichne dann.

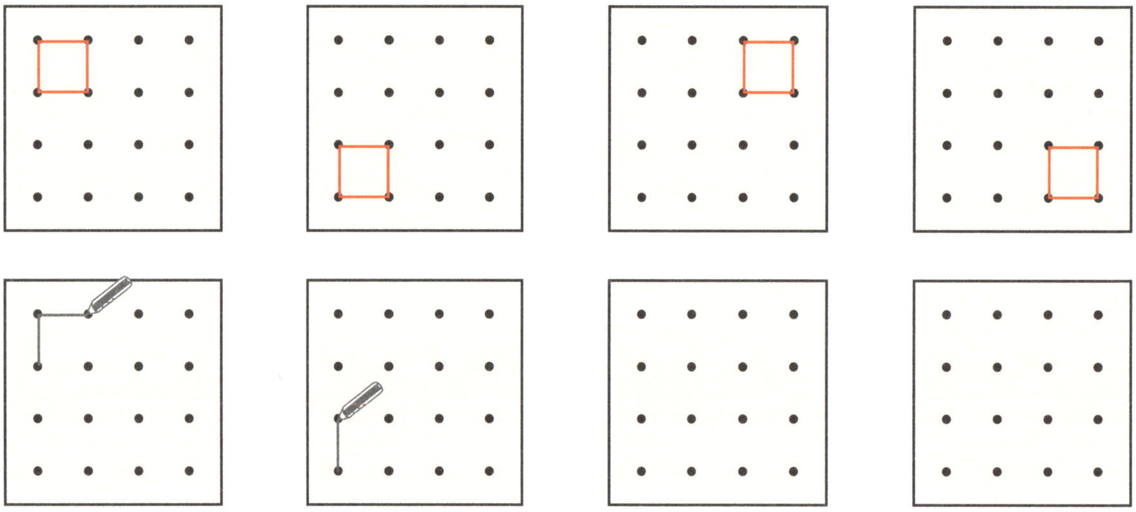

3

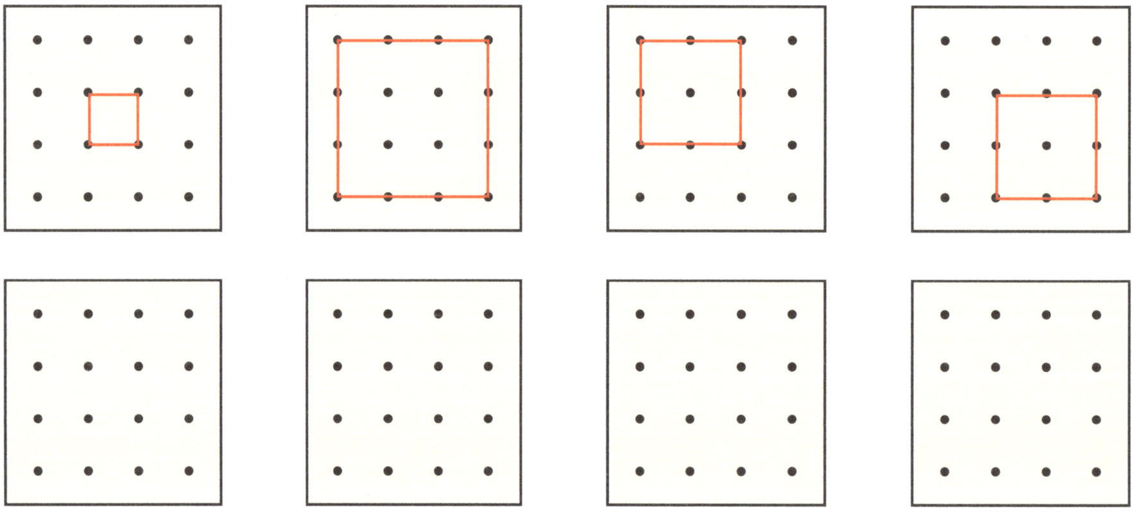

› Zunächst allgemein den Umgang mit dem Geobrett üben und eigene (oder vorgegebene) Formen spannen.
› **2–3** Die vorgegebene Figur auf dem Geobrett nachspannen, dann an die passende Stelle im Gitternetz einzeichnen.

1 Spanne die Figur nach. Zeichne dann.

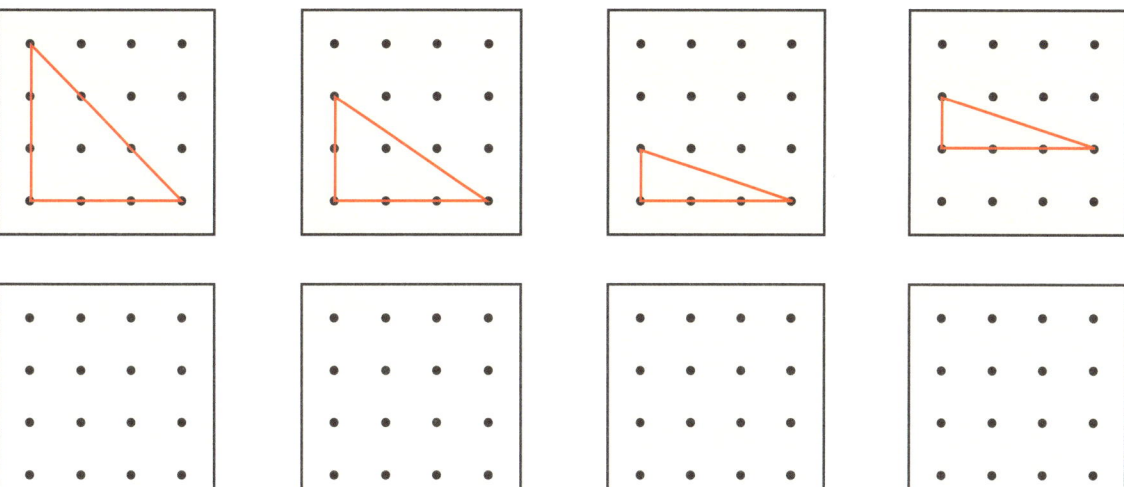

2

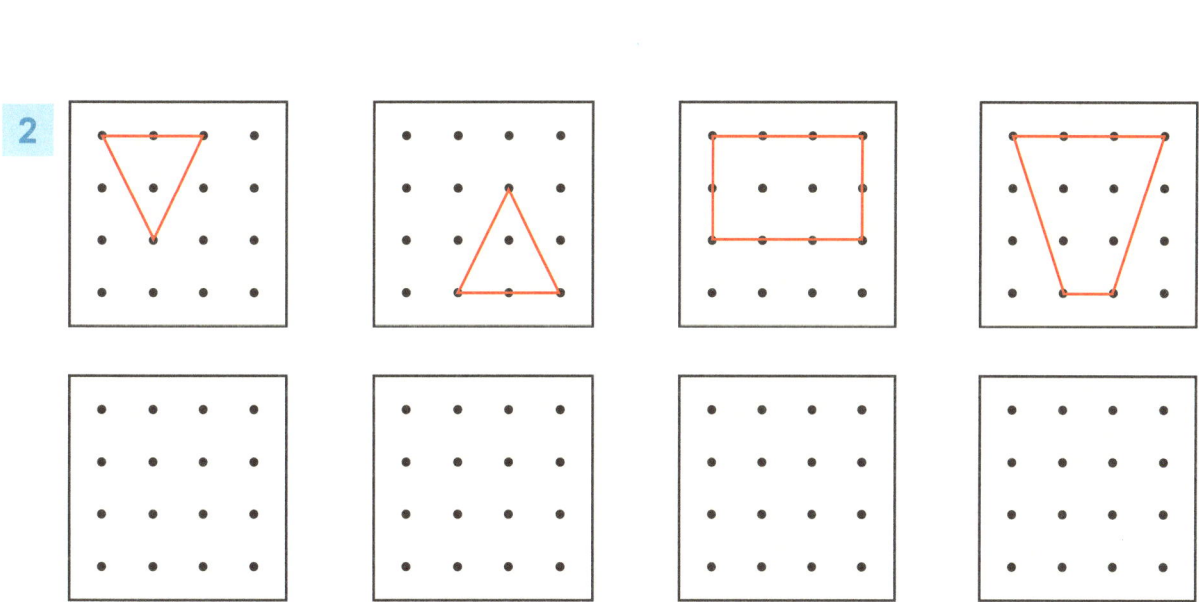

3 Spanne eigene Figuren. Zeichne sie.

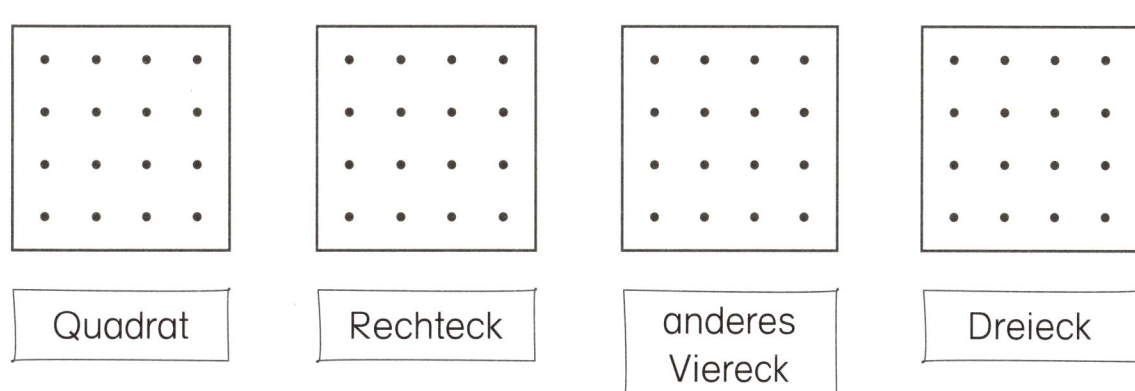

| Quadrat | Rechteck | anderes Viereck | Dreieck |

› **1–2** Die vorgegebene Figur auf dem Geobrett nachspannen, dann an die passende Stelle im Gitternetz einzeichnen.
› **3** Selbst passende Figuren am Geobrett spannen und sie dann ins Gitternetz einzeichnen.

1

Start

Ziel

Ich spanne ein Quadrat.

Ich verändere die Figur an 2 Ecken.

Spanne und verändere die Figur. Zeichne dann.

2

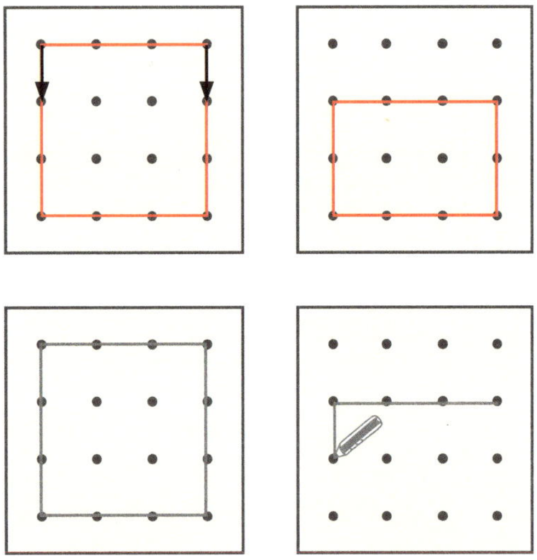

Start | Ziel

3

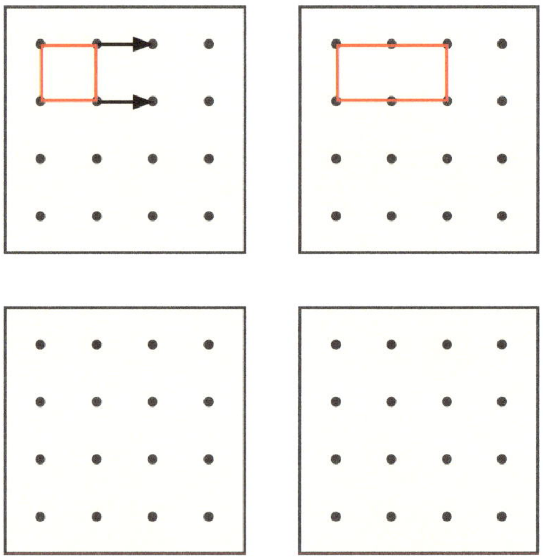

Start | Ziel

4

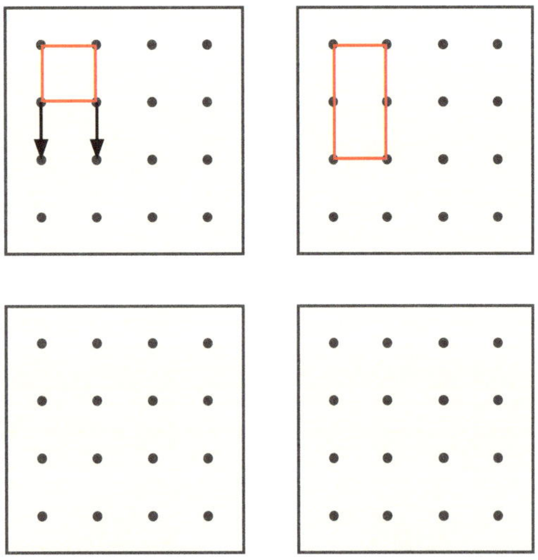

Start | Ziel

5

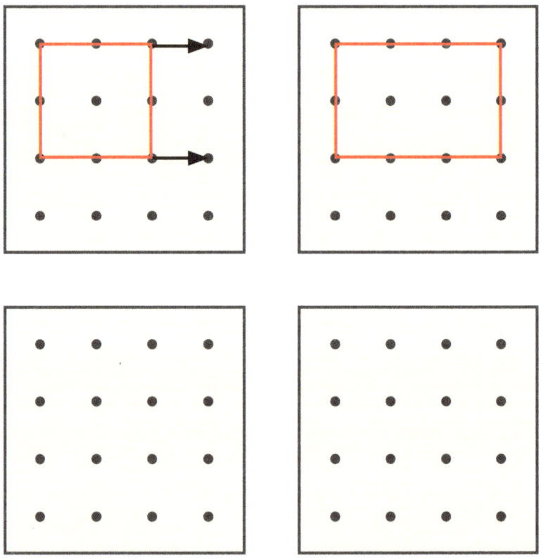

Start | Ziel

› **2–5** Die Startfigur am Geobrett spannen, dann verändern. Immer zwei Eckpunkte bleiben gleich und müssen nicht verändert werden.
Start- und Zielfigur passend in das Gitternetz zeichnen. Die Pfeile dienen der Veranschaulichung und müssen nicht nachgezeichnet werden.

1

Start

Ich spanne ein Rechteck.

Ich verändere die Figur an 1 Ecke.

Ziel

Spanne und verändere die Figur. Zeichne dann.

2

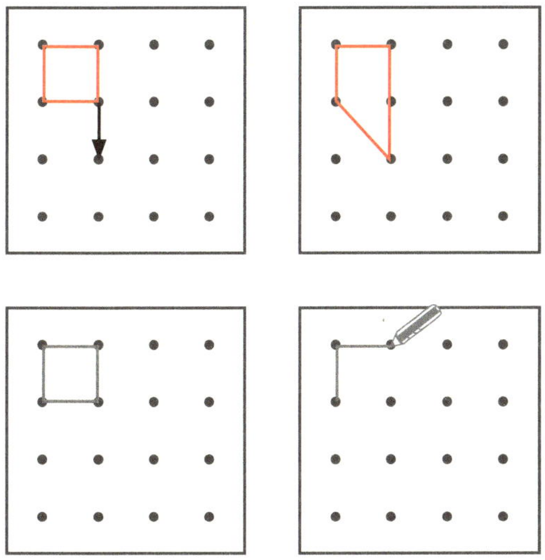

Start Ziel

3

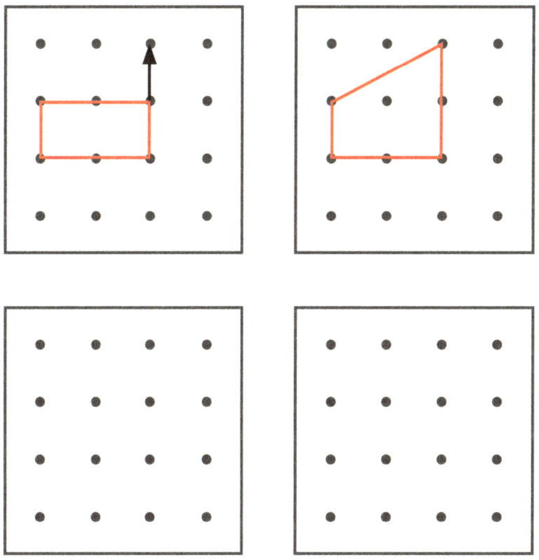

Start Ziel

4

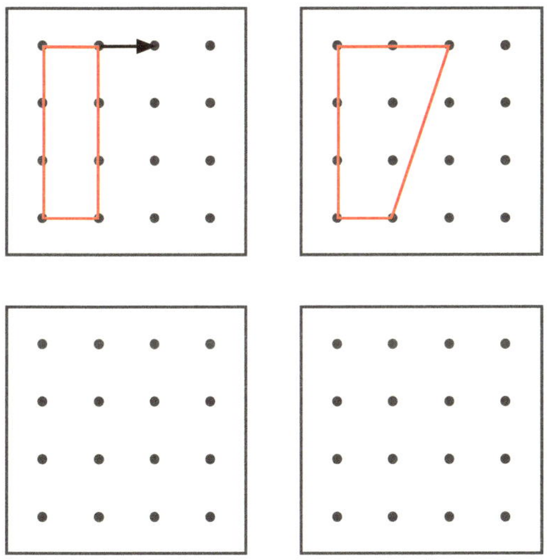

Start Ziel

5

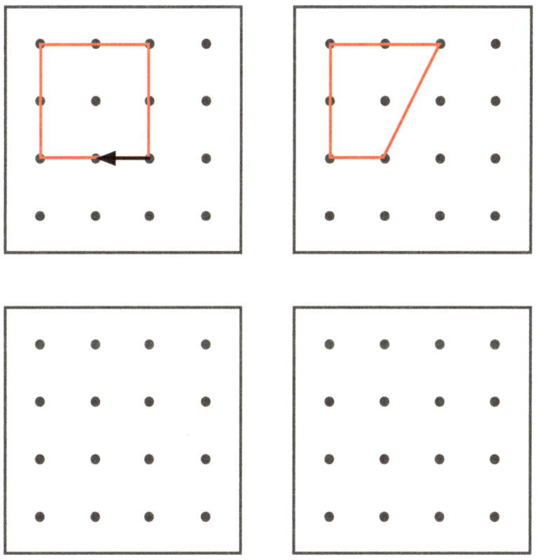

Start Ziel

› **2–5** Die Startfigur am Geobrett spannen, dann verändern. Es muss immer nur ein Eckpunkt verändert werden, die anderen bleiben gleich. Start- und Zielfigur passend in das Gitternetz zeichnen. Die Pfeile dienen der Veranschaulichung und müssen nicht nachgezeichnet werden.

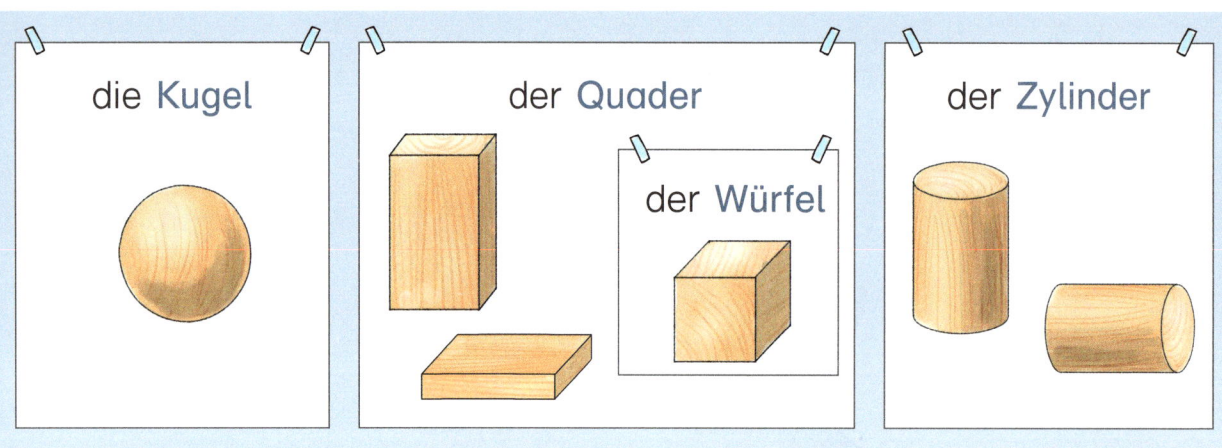

die Kugel

der Quader

der Würfel

der Zylinder

1 Verbinde die Gegenstände mit dem passenden Begriff.

| Kugel | Quader | Zylinder |

2 Verbinde passend.

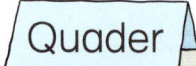

| Kugel | Quader | Zylinder |

› **1–2** Passend verbinden. Weitere Gegenstände (z. B. im Klassenzimmer) auswählen und den Körperformen zuordnen.
Besprechen, dass einige Alltagsgegenstände etwas von den geometrischen Körperformen abweichen (z. B. Deckel der Milchpackung).

1 Male alle Kugeln an.

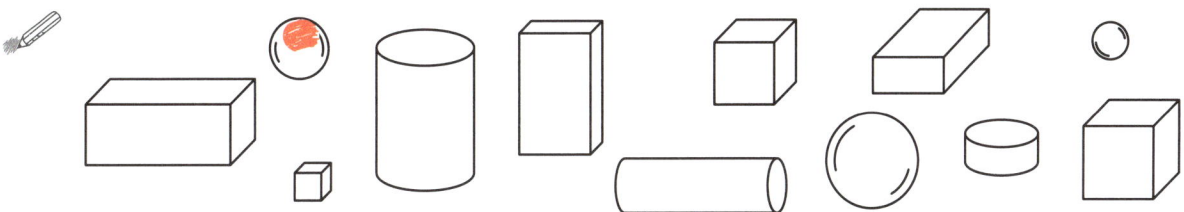

2 Male alle Quader an.

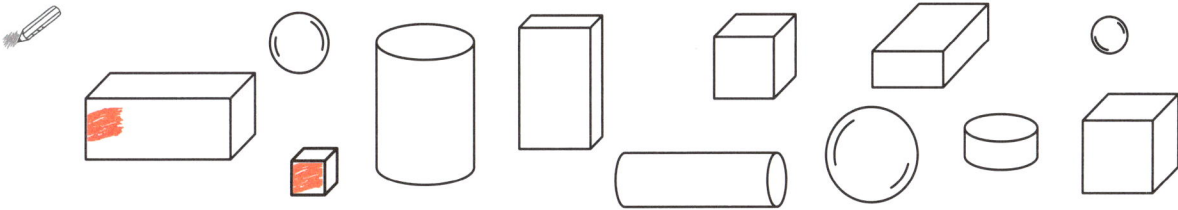

3 Male alle Würfel an.

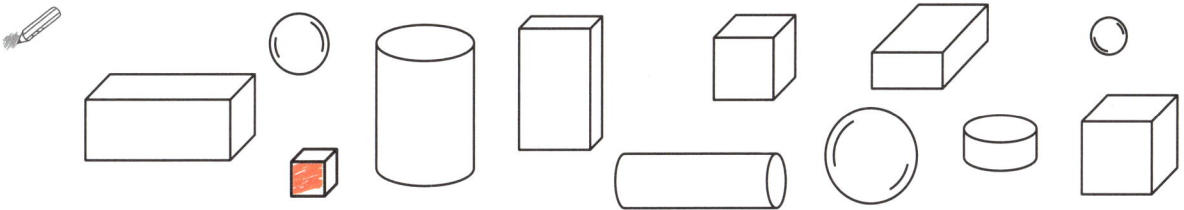

4 Male alle Zylinder an.

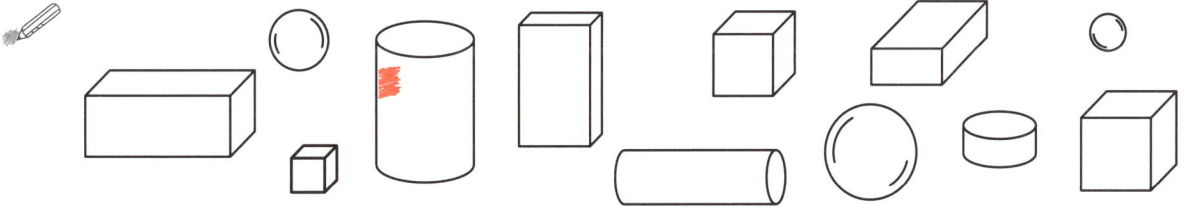

5 Welche Gegenstände passen nicht? Streiche sie durch.

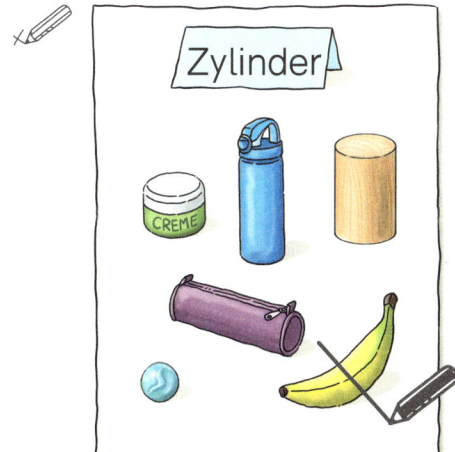

Zylinder

Quader

Würfel

› **1–4** Die passenden Körper anmalen, dabei auch die Begriffe „Quader" und „Würfel" in Beziehung setzen und Unterschiede herausarbeiten.
› **5** Unpassende Körper durchstreichen und (wenn möglich) mit den richtigen Begriffen benennen.

1

Ich umfahre diese Seite des Quaders.

Ich umfahre eine andere Seite des Quaders.

Diese Seitenfläche ist ein Rechteck.

Diese Seitenfläche ist ein Quadrat.

2 Nimm einen Quader.

Welche Form können die Seitenflächen **nicht** haben? Streiche durch.

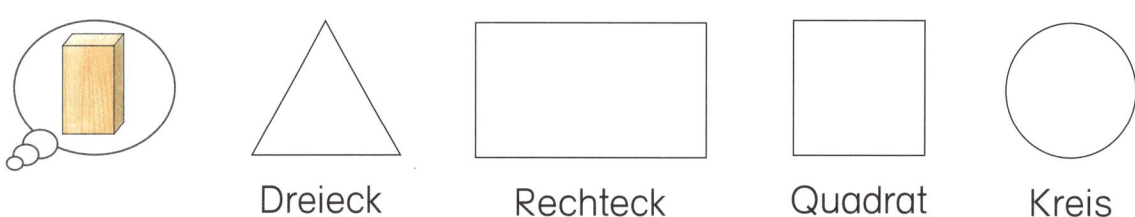

Dreieck　　　Rechteck　　　Quadrat　　　Kreis

3 Nimm einen Würfel.

Welche Form können die Seitenflächen **nicht** haben? Streiche durch.

Dreieck　　　Rechteck　　　Quadrat　　　Kreis

4 Nimm einen Zylinder.

Welche Form können die Seitenflächen **nicht** haben? Streiche durch.

 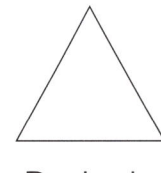   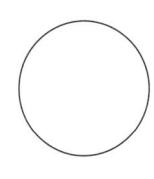

Dreieck　　　Rechteck　　　Quadrat　　　Kreis

› **2–4** Die Körper wie im Beispiel von Zahlix und Zahline umfahren und die entstehende Seitenfläche benennen. Unpassende Formen durchstreichen.
› **4** Die gewölbte Seitenfläche des Zylinders kann ein Rechteck oder Quadrat sein. Im Mittelpunkt steht das Erkennen des Kreises als Grundfläche.

Ecken **Kanten** **Flächen**

 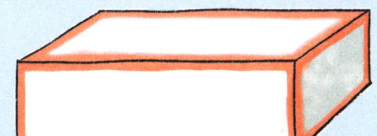 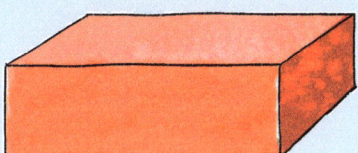

Du kannst ein Piksen an deinem Finger spüren. | Du kannst mit dem Finger entlang streichen. | Du kannst deine Hand darauf legen.

1

Ein Quader hat ____ Ecken, ____ Kanten und ____ Flächen.

Ein Würfel hat ____ Ecken, ____ Kanten und ____ Flächen.

Alle Kanten sind gleich lang!

Würfel sind besondere Quader.

2

Ein Zylinder hat ____ Ecken, ____ Kanten und ____ Flächen.

Es gibt auch gebogene Kanten.

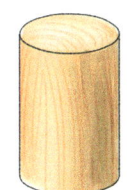 **3 Körper-Rätsel**

Beschreibe einen Körper so genau wie möglich.

Kann das andere Kind den Körper erraten?

Wechselt euch ab.

Dieser Körper hat keine Kanten.

Es ist …

› **1–2** Die Begriffe „Ecke", „Kante" und „Fläche" an echten Körperformen nachvollziehen, dann die Körpersteckbriefe ausfüllen.
› **3** Falls nur ein Satz Körper zur Verfügung steht, kann ggf. auch ohne Sichtschutz gespielt werden, sodass beide Kinder die Körper sehen können.

29

1 Baue nach. Zähle dann die Würfel.

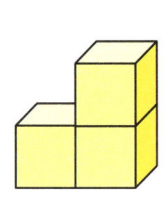
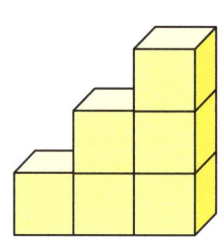
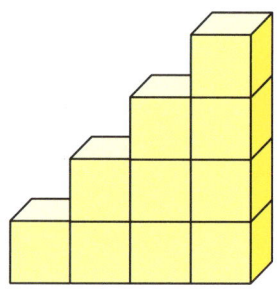

_____ Würfel   _____ Würfel   _____ Würfel

2

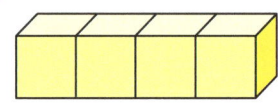
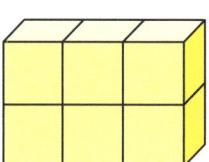
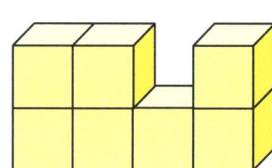

_____ Würfel   _____ Würfel   _____ Würfel

3

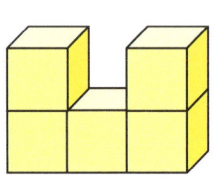
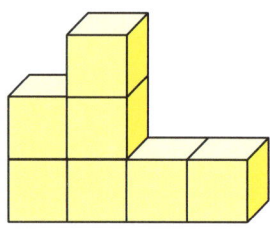
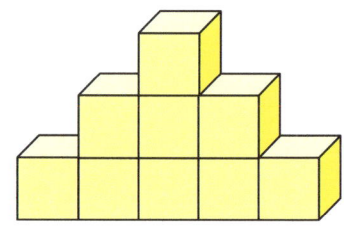

_____ Würfel   _____ Würfel   _____ Würfel

4

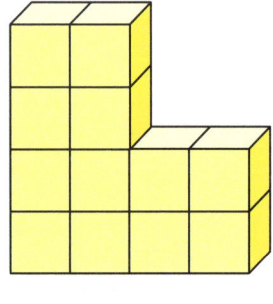
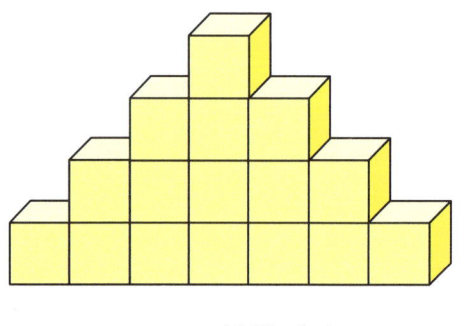
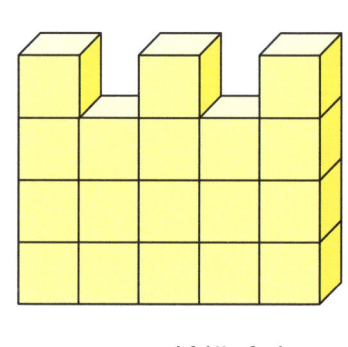

_____ Würfel   _____ Würfel   _____ Würfel

› 1–4 Würfelgebäude nachbauen und die benötigten Würfel zählen.
› Zur Weiterführung eigene Würfelgebäude bauen und die Anzahl der Würfel bestimmen.

1

Zuerst lege ich 4 Würfel flach hin.

Dann setze ich 2 Würfel darauf.

Ich kann nur 5 Würfel sehen. 1 Würfel ist versteckt. Ich muss ihn aber mitzählen.

_6_ Würfel

2 Baue nach. Wie viele Würfel brauchst du?

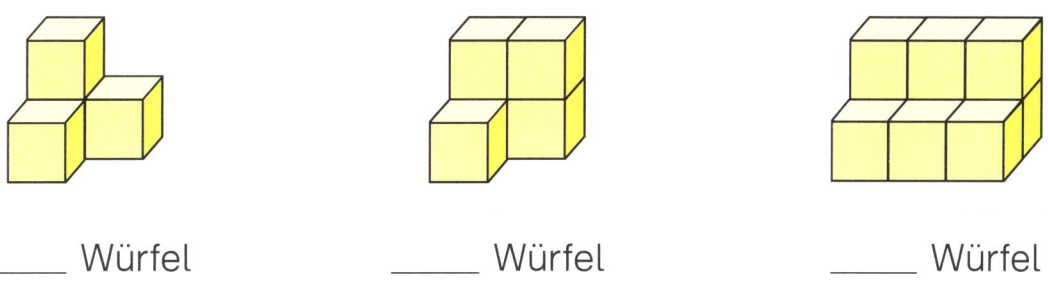

_____ Würfel   _____ Würfel   _____ Würfel

3

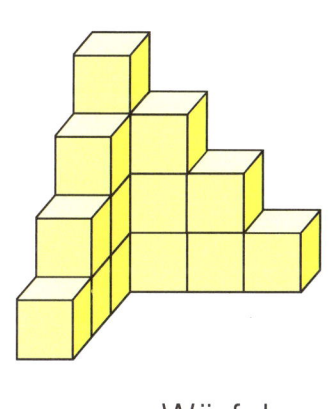

_____ Würfel   _____ Würfel   _____ Würfel

4

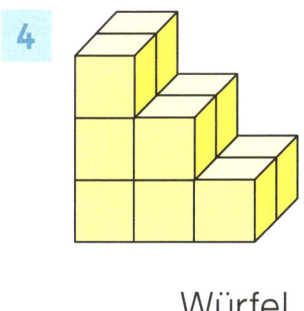
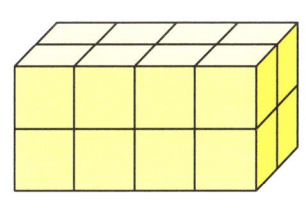
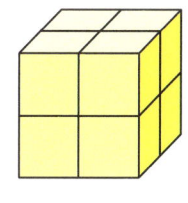

_____ Würfel   _____ Würfel   _____ Würfel

› **1** Nachbauen und selbst erfahren, dass nicht mehr alle Würfel sichtbar sind. Das Würfelgebäude auch aus verschiedenen Perspektiven betrachten.
› **2–4** Würfelgebäude nachbauen und die benötigten Würfel zählen. Dabei auf verdeckte Würfel achten.

Achsensymmetrie

Diese Figur hat eine Spiegelachse.

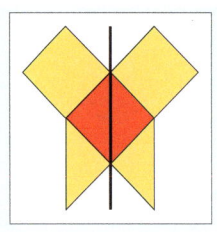

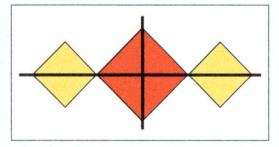

Diese Figur hat zwei Spiegelachsen.

Die Figuren sind achsensymmetrisch.

Ebene Figuren

der Kreis

0 Ecken

das Dreieck

3 Ecken
3 Seiten

das Viereck

4 Ecken
4 Seiten

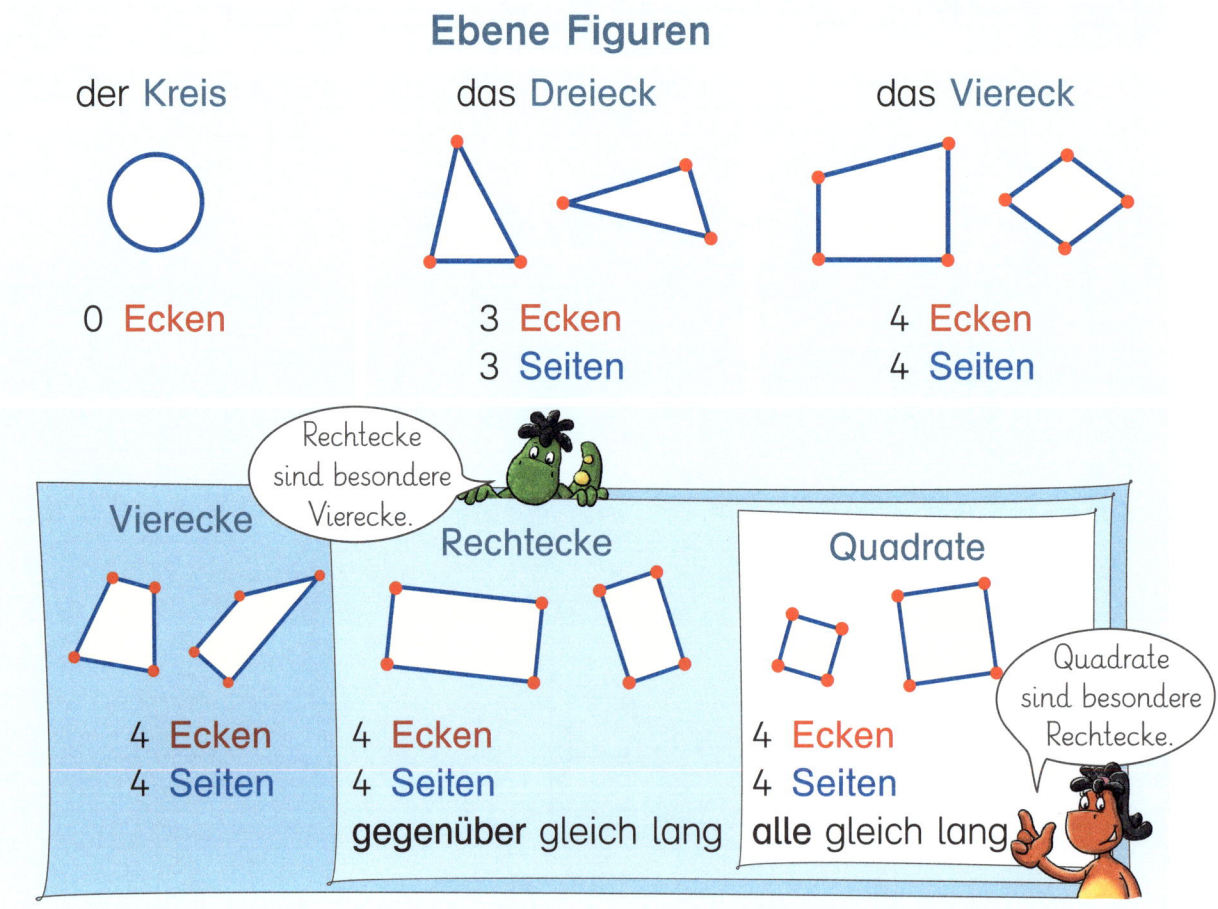

Rechtecke sind besondere Vierecke.

Vierecke

4 Ecken
4 Seiten

Rechtecke

4 Ecken
4 Seiten
gegenüber gleich lang

Quadrate

4 Ecken
4 Seiten
alle gleich lang

Quadrate sind besondere Rechtecke.

Körper

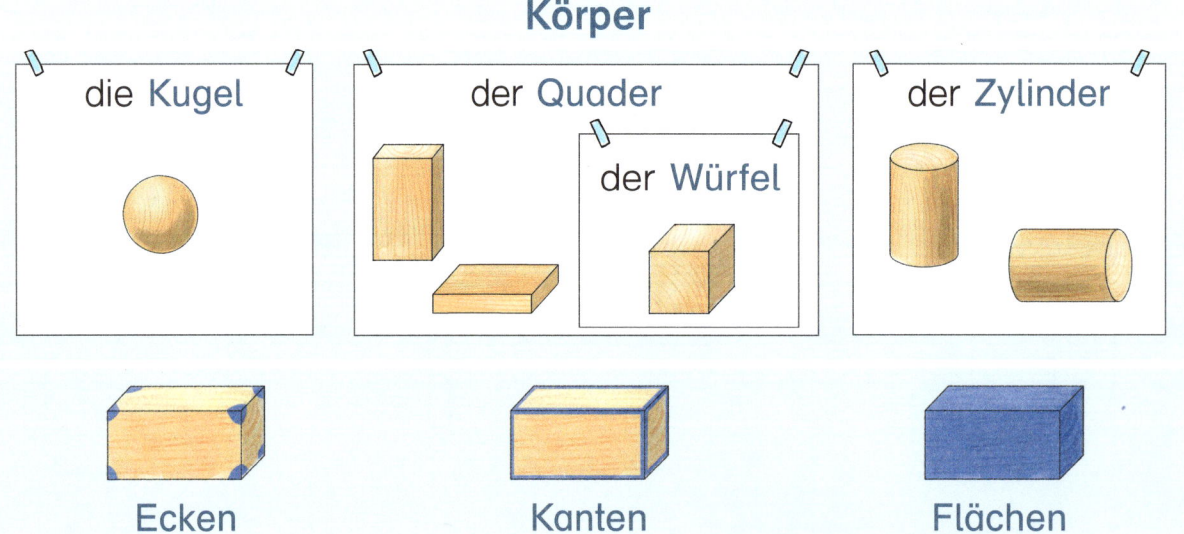

die Kugel

der Quader

der Würfel

der Zylinder

Ecken

Kanten

Flächen